AF267152

Lib
401

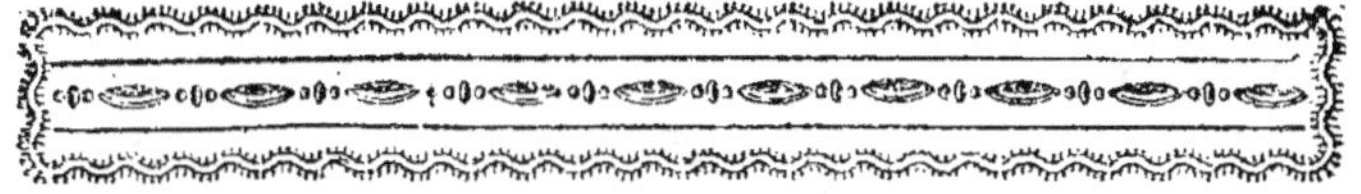

COURONNEMENT
DE NAPOLÉON BONAPARTE
COMME CHEF DE LA NATION FRANÇAISE,

PAR S. S. PIE VII, SOUVERAIN PONTIFE:

TIRÉ du grand Prophète Daniel, dans son livre mystérieux et prophétique;

Par J. F. JURIE, *des Camiers, né en 1747, dans le diocèse de Lyon.*

On verra les figures de la révolution fr.^{se}.—De la Reine de France, Marie-Antoinette d'Autriche.—De l'assemblée nationale constituante. — De l'assemblée nationale législative.—De la Convention nationale.—Du supplice de la Reine. — Des armées de la Convention nationale. — De l'armée révolutionnaire.—Des sociétés populaires et comités de surveillance. — De la venue du général Bonaparte au gouvernement. — De l'exaltation du Souverain Pontife. —Du concordat fait entre le Chef du gouvernement français et le Souverain Pontife.—De la persécution de l'Eglise catholique. — Du couronnement de Bonaparte par le Souverain Pontife.—Du rétablissement de l'Eglise catholique dans tous les pays soumis à la domination française.

DANIEL, chap. VII.

1. Anno primo Baltassar regis Babylonis, Daniel somnium vidit : visio autem capitis ejus in cubili suo : et somnium scribens, brevi sermone comprehendit : summatimque perstringens, ait.

1. Dans la première année de Baltazar roi de Babylone, Daniel vit un songe, et la vision de son esprit *se passa* dans son lit; et écrivant ce songe, le rapporta succinctement, et le mettant en abrégé, dit :

A

2. Videbam in visione mea nocte, et ecce quatuor venti cœli pugnabant in mari magno.

2. Je voyais dans ma vision de nuit, et voilà les quatre vents du ciel qui combattaient dans une grande mer.

3. Et quatuor bestiæ grandes ascendebant de mari diversæ inter se.

3. Et quatre grandes bêtes qui montaient de la mer, différentes entr'elles.

4. Prima quasi leæna, et alas habebat aquilæ : aspiciebam donec evulsæ sunt alæ ejus, et sublata est de terra, et super pedes quasi homo stetit, et cor hominis datum est ei.

4. La première était comme une lionne, et elle avait des ailes d'aigle : je la regardais jusqu'à ce qu'on eut arraché ses ailes ; ensuite elle fut levée de terre, et se tint debout sur ses pieds comme un homme, et le cœur d'homme lui fut donné.

5. Et ecce bestia alia similis urso, in parte stetit, et tres ordines erant in ore ejus et in dentibus ejus, et sic dicebant ei : surge, comede carnes plurimas.

5. Et voilà une autre bête semblable à un ours, qui se tint debout à côté *de la lionne*, et trois rangs étaient dans sa gueule et dans ses dents, et on lui disait ainsi : levez-vous, et mangez des chairs de toutes espèces.

6. Post hæc aspiciebam, et ecce alia quasi pardus, et alas habebat quasi avis, quatuor super se, et quatuor capita erant in bestia, et potestas data est ei.

6. Après cela je regardais, et voilà une autre bête comme un léopard, et elle avait quatre ailes d'oiseau sur elle, et quatre têtes étaient dans cette bête, et la puissance lui fut donnée.

7. Post hæc aspiciebam in visione noctis, et ecce bestia quarta terribilis, atque mirabilis, et fortis nimis, dentes ferreos habebat magnos, comedens atque comminuens, et reliqua pedibus suis conculcans : dissimilis autem

7. Après cette bête, je regardais dans cette vision de nuit, et voilà la quatrième bête terrible et épouvantable, et forte à l'excès ; elle avait de grandes dents de fer, mangeant et brisant, et foulant à ses pieds les restes ; mais elle était différente aux autres bêtes que

erat cæteris bestiis quas videram ante eam, et ha-bebat cornua decem.

8. Considerabam cornua, et ecce cornu aliud parvulum ortum est de mediis eorum, et tria de cornibus primis evulsa sunt à facie ejus: et ecce oculi quasi oculi homi-nis erant in cornu isto, et os loquens ingentia.

9. Aspiciebam donec throni positi sunt, et an-tiquus dierum sedit: ves-timentum ejus candidum quasi nix, et capilli capi-tis ejus quasi lana munda: thronus ejus flammæ ignis: rotæ ejus, ignis accensus.

10. Fluvius igneus ra-pidusque egrediebatur à facie ejus: millia millium ministrabant ei, et decies millies centena millia as-sistebant ei: judicium se-dit et libri aperti sunt.

11. Aspiciebam propter vocem sermonum gran-dium, quos cornu illud loquebatur: et vidi quo-niam interfecta esset bestia, et perisset cor-pus ejus, et traditum esset ad comburendum igni.

12. Aliarum quoque bestiarum ablata esset po-testas, et tempora vitæ

---

j'avais vues avant elle, et elle avait dix cornes.

8. Je considérais ces cornes, et voici qu'une autre petite corne sortit du milieu d'elles, et trois des cornes premières furent arrachées par sa pré-sence; et voilà des yeux com-me des yeux d'homme, qui étaient dans cette corne, et une bouche parlant sur de grandes affaires.

9. Je regardais jusqu'à ce que des trônes furent placés, et que l'ancien des jours siégea: son vêtement était blanc comme la neige, et les cheveux de sa tête comme la laine blanche; son trône, des flammes de feu; ses roues, le feu ardent.

10. Un fleuve de feu rapide sortait de sa face: un million le servaient en qualité de mi-nistres, et dix mille millions étaient à son service: le juge-ment se tint et les livres furent ouverts.

11. Je regardais à cause des grands discours que la voix de cette corne prononçait; et je vis que la bête avait été tuée, et que son corps était péri, et qu'il avait été livré pour être consumé par le feu.

12. *Je vis* pareillement que la puissance des autres bêtes leur avait été ôtée, et que les

constituta essent eis usque ad tempus et tempus.

13. Aspiciebam ergo in visione noctis, et ecce cum nubibus cœli quasi filius hominis veniebat, et usque ad antiquum dierum pervenit, et in conspectu ejus obtulerunt eum.

14. Et dedit ei potestatem, et honorem, et regnum : et omnes populi, tribus et linguæ ipsi servient : potestas ejus potestas æterna, quæ non auferetur : et regnum ejus quod non corrumpetur.

15. Horruit spiritus meus, ego Daniel territus sum in his, et visiones capitis mei conturbaverunt me.

16. Et accessi ad unum de assistentibus, et veritatem quærebam ab eo de omnibus his. Qui dixit mihi interpretationem sermonum, et docuit me :

17. Hæ quatuor bestiæ magnæ, quatuor sunt regna, quæ consurgent de terra.

18. Suscipient autem regnum sancti Dei altissimi : et obtinebunt reg-

temps de leur durée leur avaient été constitués jusqu'à un temps et un temps.

13. Je regardais donc dans cette vision de nuit, et voici avec les nuées du ciel comme si c'était le fils de l'homme qui venait, et jusqu'à l'ancien des jours il parvint ; et devant sa face ils le présentèrent.

14. Et il lui donna la puissance et l'honneur : et tous les peuples, les tribus et les langues seront à son service : sa puissance sera une puissance éternelle, qui ne lui sera pas enlevée ; et son royaume qu'on ne viendra à bout de corrompre.

15. Mon esprit fut saisi d'horreur, moi Daniel je fus terrorisé par ces choses, et les visions de mon cerveau me troublèrent.

16. Et je m'approchai vers un de ceux qui assistaient, et je cherchais à savoir la vérité de cet homme sur toutes ces choses ; lequel me dit l'interprétation de ce qu'on disait, et m'enseigna :

17. Ces quatre grandes bêtes sont quatre royaumes qui s'élèveront de la terre.

18. Mais les Saints du Très-Haut entreprendront de *conquérir* le royaume, et ils ga-

num usque in sæculum, et sæculum sæculorum.

19. Post hoc, volui diligenter discere de bestia quarta, quæ erat dissimilis valdè ab omnibus, et terribilis nimis : dentes et ungues ejus ferrei : comedebat, et comminuebat, et reliqua pedibus suis conculcabat :

20. Et de cornibus decem, quæ habebat in capite, et de alio, quod ortum fuerat, ante quod ceciderant tria cornua, et de cornu illo, quod habebat oculos, et os loquens grandia, et majus erat ceteris.

21. Aspiciebam, et ecce cornu illud faciebat bellum adversùs sanctos, et prævalebat eis,

22. Donec venit antiquus dierum, et judicium dedit sanctis Excelsi, et tempus advenit, et regnum obtinuerunt sancti.

23. Et sic ait : Bestia quarta, regnum quartum erit in terra, quod majus erit omnibus regnis, et devorabit universam terram, et conculcabit et comminuet eam.

24. Porrò cornua decem ipsius regni, decem reges

gneront le royaume jusqu'à la fin du siècle, et le siècle des siècles.

19. Après cela, je voulus diligemment m'instruire de la quatrième bête, qui était fort différente de toutes les autres, et terrible à l'excès ; ayant les dents et ses ongles de fer ; elle mangeait et mettait tout en pièces ; et les restes, elle les foulait avec ses pieds.

20. Et touchant les dix cornes qu'elle avait dans la tête, et de l'autre qui était sortie, devant laquelle trois cornes étaient tombées, et de cette corne qui avait des yeux, et une bouche parlant de grandes affaires, et elle était plus grande que les autres.

21. Je regardais, et voilà que cette corne faisait la guerre contre les saints et qu'elle avait l'avantage sur eux,

22. Jusqu'à ce que vint l'ancien des jours, et il rendit un jugement pour les Saints du Très-Haut, et le temps arriva, et les Saints obtinrent le royaume.

23. Et il dit ainsi : La quatrième bête sera le quatrième royaume sur la terre, qui sera plus grand que tous les royaumes *qui l'auront devancé*, et il dévorera toute la terre, et la foulera et la réduira en cendre.

24. Quant aux dix cornes de ce même royaume, ils se

erunt : et alius consurget post eos, et ipse potentior erit prioribus, et tres reges humiliabit.

25. Et sermones contra Excelsum loquetur, et sanctos Altissimi conteret, et putabit quòd possit mutare tempora et leges, et tradentur in manu ejus usque ad tempus, et tempora, et dimidium temporis.

26. Judicium sedebit, ut auferatur potentia, et conteratur, et dispereat usque in finem.

27. Regnum autem, et potestas, et magnitudo regni, quæ est subter omne cœlum. detur populo sanctorum Altissimi : cujus regnum, regnum sempiternum est, et omnes reges servient ei, et obedient.

28. Hucusque finis verbi. Ego Daniel multùm cogitationibus meis conturbabar, et facies mea mutata est in me ; verbum autem in corde meo conservavi.

---

ront dix rois, et l'autre qui s'élévera après eux, sera lui-même plus puissant que les premiers, et il humiliera trois rois.

25. Il tiendra des discours contre le Très-Haut, et il foulera aux pieds les saints du Très-Haut, et il s'imaginera qu'il aura le pouvoir de changer les temps et les lois, et *les saints* seront livrés entre ses mains jusqu'à un temps, des temps, et la moitié d'un temps.

26. Et le jugement se tiendra, pour que la puissance soit ôtée à *cette corne*, et qu'elle soit brisée, et disparaisse jusqu'à la fin.

27. Mais que le royaume et la puissance, et l'étendue du royaume qui est sous tout le ciel, soit donné au peuple des saints du Très-Haut, dont le royaume est le royaume éternel, et tous les rois seront à son service, et lui obéiront.

28. Jusqu'ici est la fin de ce qu'on me dit. Moi Daniel je me troublais beaucoup par mes réflexions, et ma face fut *toute* changée en moi ; mais j'ai conservé ce que j'avais *vu et entendu* dans mon cœur.

DANIEL, chap. VII.

1. Anno primo Baltassar regis Babylonis, Daniel somnium vidit : visio autem capitis ejus in cubili suo : et somnium scribens, brevi sermone comprehendit : summatimque perstringens, ait.

1. Dans la première année de Baltazar roi de Babylone, Daniel vit un songe, et la vision de son esprit *se passa* dans son lit ; et écrivant ce songe, le rapporta succinctement, et le mettant en abrégé, dit.

Ce rapport mystérieux et prophétique du grand Daniel, est pour nous apprendre que dans la première année du règne d'une puissance représentative d'une formidable nation, — C'EST AINSI QUE S'ENTENDENT CES PAROLES, *dans la première année de Baltazar roi de Babylone*, — l'Eglise de Notre - Seigneur Jesus - Christ aura vu des choses surprenantes : c'est ainsi que s'entendent ces paroles, *Daniel vit un songe*. — L'Eglise de N. S. J. C. en aura vu arriver les événemens, pendant l'exercice de son autorité spirituelle : c'est ainsi que s'entendent ces paroles, *et la vision de son esprit se passa dans son lit.* — L'Eglise aura été dans le cas d'écrire tout ce qui se sera passé de plus important ; c'est ainsi que s'enrendent ces paroles, *et écrivant ce songe, le rapporta succinctement.* — L'Eglise catholique et apostolique aura été dans le cas de faire des écrits capables d'instruire la génération présente et les générations futures : c'est ainsi que s'entendent ces paroles, *et le mettant en abrégé, dit.*

Nota. Voir les Etrennes spirituelles ou religieuses de la fin du 18.ᵉ siècle et du commencement du suivant.

2. Videbam in visione

2. Je voyais dans ma vision

A 4

mea nocte, et ecce quatuor venti cœli pugnabant in mari magno.

de nuit; et voilà les quatre vents du ciel qui combattaient dans une grande mer.

Cette vision du Prophète est pour nous apprendre que l'Eglise catholique aura vu s'élever des choses que l'esprit humain ne pouvait ni prévoir, ni comprendre ; C. A. Q. S. C. P. (*) : *je voyais dans ma vision de nuit.* — L'Eglise catholique aura vu le trouble et l'agitation, et tous les partis se soulever dans un vaste royaume ; C. A. Q. S. C. P. : *et voilà les quatre vents du ciel qui combattaient dans une grande mer.*

3. Et quatuor bestiæ grandes ascendebant de mari diversæ inter se.

3. Et quatre grandes bêtes qui montaient de la mer, différentes entr'elles.

Ces figures sont pour nous apprendre, que dans le temps des troubles et des agitations suscitées dans ce vaste empire, on aura dû remarquer quatre grandes puissances très-distinctes les unes des autres, qui l'auront gouverné ; C. A. Q. S. C. P. : *et quatre grandes bêtes qui montaient de la mer, différentes entr'elles.*

4. Prima quasi leæna, et alas habebat aquilæ : aspiciebam donec evulsæ sunt alæ ejus, et sublata est de terra, et super pedes quasi homo stetit, et cor hominis datum est ei.

4. La première était comme une lionne, et elle avait des ailes d'aigle : je la regardais jusqu'à ce qu'on eut arraché ses ailes ; ensuite elle fut relevée de terre, et se tint debout sur ses pieds comme un homme, et le cœur d'homme lui fut donné.

(*) *C'est ainsi que s'entendent ces paroles ;* ces mots étant fréquemment répétés, on se borne à les indiquer par les initiales.

Cette figure prophétique est pour nous apprendre, que de ces quatre grandes puissances qui auront successivement dominé dans ce vaste royaume, la première aura été une reine fière et courageuse ; C. A. Q. S. C. P. : *la première était comme une lionne.* — Cette reine sera issue de la maison d'Autriche ; C. A. Q. S. C. P. : *elle avait des ailes d'aigle.* — Cette fière reine se sera attiré l'attention publique, et le public aigri aura travaillé à lui ôter les moyens de faire usage de la force et de la puissance de sa maison ; C. A. Q. S. C. P. : *je la regardais jusqu'à ce qu'on eut arraché ses ailes.*

> *Nota.* Le 14 juillet 1789, le fort de la Bastille fut pris par les citoyens de Paris, qui craignaient une invasion des troupes autrichiennes, que la reine faisait avancer pour dissoudre l'assemblée qui tenait ses séances à Versailles ; mais ces troupes furent obligées de se retirer. — Le 28 juillet 1789, il y eut une insurrection générale dans le royaume contre les seigneurs et les nobles, considérés comme trop attachés à la cour de Louis XVI.

Cette reine, après avoir perdu le plus puissant de ses appuis, aura trouvé le moyen de recouvrer sa dignité et son rang royal ; C. A. Q. S. C. P. : *ensuite elle fut relevée de terre, et elle se tint debout sur ses pieds comme un homme.*

> *Nota.* Voir la constitution de la première assemblée à l'égard du roi et de la reine.

Cette reine, rétablie dans sa dignité et son rang, aura montré une énergie et une force rares dans son sexe ; elle aura été jusqu'à tenter des coups qui ne convenaient qu'à des hommes d'un grand caractère ; C. A. Q. S. C. P. : *et le cœur d'homme lui fut donné.*

> *Nota.* En juin 1791, la reine enleva le roi de Paris, où il était gardé à vue, pour le faire passer en Allemagne, d'où elle pensait le faire rentrer en France les armes à

la main, et dissoudre l'assemblée nationale dont elle prévoyait les suites funestes pour son sceptre et sa couronne; mais le roi fut reconnu à Varenne , arrêté , et ramené à Paris: il ne lui fallait plus qu'une journée pour être hors du royaume.

5. Et ecce bestia alia similis urso, in parte stetit , et tres ordines erant in ore ejus et in dentibus ejus ; et sic dicebant ei : surge , comede carnes plurimas.

5. Et voilà une autre bête semblable à un ours, qui se tint debout à côté *de la lionne* , et trois rangs étaient dans sa gueule et dans ses dents; et on lui disait ainsi : levez-vous, et mangez des chairs de toutes espèces.

Cette figure mystérieuse et ces détails prophétiques , sont pour nous apprendre que le temps où l'on aura vu dominer dans ce grand royaume , cette reine si fière et si courageuse , sera celui où un corps considérable aura été convoqué ; C. A. Q. S. C. P. : *et voilà une autre bête semblable à un ours.* — Ce corps convoqué et constitué , le lieu de ses séances aura été déterminé dans une des villes du royaume, la plus à portée du château royal qu'occupait cette souveraine; C. A. Q. S. C. P. : *qui se tint debout à côté de la lionne.* — Ce corps convoqué et constitué, aura été pris et choisi dans les trois ordres de l'état , savoir : dans celui du clergé , dans celui de la noblesse , et dans celui du tiers ordre ; C. A. Q. S. C. P. : *et trois rangs étaient dans sa gueule.* — Chaque ordre avait des prérogatives différentes ; C. A. Q. S. C. P. : *et dans ses dents.* — Les ordres réunis auront reçu chacun de leurs commettans des pouvoirs par écrit, pour demander et obtenir le redressement de leurs griefs ; C. A. Q. S. C. P. : *et on lui disait : Levez-vous.* — Par ces pouvoirs littéralement donnés, on aura demandé la suppression d'une multitude de droits, la diminution des impôts , l'abolition de tous les droits féodaux , l'anéantissement des dîmes , la radiation des annates et ainsi des autres ; C. A. Q. S. C. P. : *et mangez des chairs de toutes espèces.*

Nota. Il faudrait voir les cahiers des députés de 1789 ; on y trouverait au-delà de tout ce qu'on pourrait dire dans un volume. On peut encore suivre les décrets de la première assemblée.

6. Post hæc aspiciebam , et alia quasi pardus, et alas habebat quasi avis, quatuor super se, et quatuor capita erant in bestia, et potestas data est ei.

6. Après cela je regardais, et voilà une autre bête comme un léopard, et elle avait quatre ailes d'oiseau sur elle , et quatre têtes étaient dans cette bête , et la puissance lui fut donnée.

Cette autre figure mystérieuse et prophétique est pour nous apprendre, que l'assemblée des trois ordres de l'état ayant terminé ses travaux et sa mission , une autre assemblée composée de nouveaux membres lui aura succédé ; C. A. Q. S. C. P. : *après cela je regardais, et voilà une autre bête.*—Cette nouvelle assemblée n'aura pas été moins à craindre que la première ; C. A. Q. S. C. P.: *comme un léopard.*—Cette assemblée aura été un corps législatif, dont la plupart des membres auront été choisis parmi toutes espèces de mauvais écrivains ; C. A. Q. S. C. P. : *et elle avait quatre ailes d'oiseau sur elle.*—Cette assemblée aura été composée de quatre classes d'hommes , les uns pris parmi les ecclésiastiques , d'autres parmi les nobles, d'autres parmi le tiers état, d'autres enfin parmi les sociétés populaires ou la secte des jacobins ; C. A. Q. S. C. P. : *et quatre têtes étaient dans cette bête.*

Nota. La secte jacobite prit naissance pendant l'exercice de la première assemblée.

Cette assemblée convoquée, l'aura été en vertu de la constitution faite par l'assemblée qui l'avait précédée ; C. A. Q. S. C. P. : *et la puissance lui fut donnée.*

7. Post hæc aspiciebam in visione noctis, et ecce bestia quarta terribilis, atque mirabilis, et fortis nimis, dentes ferreos habebat magnos comedens atque comminuens, et reliqua pedibus suis conculcans : dissimilis autem erat cæteris bestiis quas videram ante eam, et habebat cornua decem.

7. Après cette bête, je regardais dans cette vision de nuit, et voilà la quatrième bête terrible et épouvantable, et forte à l'excès ; elle avait de grandes dents de fer, mangeant et brisant, et foulant à ses pieds les restes ; mais elle était différente aux autres bêtes que j'avais vues avant elle, et elle avait dix cornes.

Cette dernière figure mystérieuse et prophétique est pour nous apprendre, qu'au temps où cette assemblée législative se sera retirée, sera celui où la vérité aura été obscurcie ; C. A. Q. S. C. P. : *après cette bête, je regardais dans cette vision de nuit.* — Cette assemblée législative ne se sera pas plutôt retirée, qu'un nouveau corps appelé aura saisi le gouvernement ; C. A. Q. S. C. P. : *et voilà la quatrième bête.* — Ce nouveau corps constitué l'aura été comme convention nationale ; C. A. Q. S. C. P. : *terrible et épouvantable.* — Le premier acte de cette convention nationale, aura été d'abolir la royauté et de prononcer la déchéance du trône au préjudice de celui qui l'occupait ; C. A. Q. S. C. P. : *et forte à l'excès.* — Cette convention nationale, après ces premiers actes d'une puissance sans borne, après s'être emparée des rênes du gouvernement, se sera saisie de la fortune publique et aura mis à l'encan les biens des particuliers ; C. A. Q. S. C. P. : *mangeant et brisant.* — Cette convention nationale, en dissipant la fortune publique et celle des particuliers, aura laissé voler et brigander par ses agens et ses suppôts, tout ce dont elle n'aura pu s'emparer; C. A. Q. S. C. P. : *et foulant à ses pieds les restes.* — Cette convention nationale aura eu une plénitude d'autorité et de puissance, dont aucune assemblée de celles qui l'avaient précédée n'avait usé ni joui; C. A. Q. S. C. P. : *mais elle était différente aux autres bêtes que j'avais vues avant elle.* — Cette convention nationale, dans l'exercice de son autorité et de sa puissance, aura eu à sa disposition dix fortes armées; C. A. Q. S. C. P. : *et elle avait dix cornes.*

8. Considerabam cornua, et ecce cornu aliud parvulum ortum est de mediis eorum, et tria de cornibus primis evulsa sunt à facie ejus, et ecce oculi quasi oculi hominis erant in cornu isto, et os loquens ingentia.

8. Je considérais ces cornes, et voici qu'une autre petite corne sortit du milieu d'elles, et trois des cornes premières furent arrachées par sa présence, et voilà des yeux comme des yeux d'homme, qui étaient dans cette corne, et une bouche parlant sur de grandes affaires.

Ces figures instructives et prophétiques sont pour nous apprendre, que l'on aura vu avec le plus grand étonnement, cette convention nationale, porter très au loin ses entreprises, et faire un usage constant et persévérant, de toutes les gardes nationales armées; C. A. Q. S. C. P. : *je considérais ces cornes.* — Pendant que cette convention nationale faisait usage des forces armées pour l'état, on aura vu avec une nouvelle surprise, s'élever dans l'intérieur du royaume une armée révolutionnaire, dont le noyau aura pris naissance dans la capitale du gouvernement; C. A. Q. S. C. P. : *et voici qu'une autre petite corne sortit du milieu d'elles.* — Cette armée revolutionnaire , en parcourant les divers départemens de l'empire , se sera grossie dans sa tournée , et aura soumis par la force et les menaces trois villes principales du royaume , considérées comme rebelles à la révolution , et ayant chacune une armée composée des mêmes gardes nationales ; C. A. Q. S. C. P. : *et trois des premières cornes furent arrachées par sa présence.* (*) —Cette armée révolutionnaire aura été secondée par les clubs ou sociétés populaires , par les comités de surveillance et autres corps établis dans toutes les villes et cantons du royaume , pour consommer la révolution ; C. A. Q. S. C. P. : *et voilà des yeux commé des yeux d'homme qui étaient dans cette corne.* — Les chefs des sociétés populaires , les chefs des clubs , les chefs de l'armée révolutionnaire et ceux des comités de surveillance , auront prêché publiquement la révolution et l'insurrection contre l'église catholique , contre les grands du royaume , contre les riches et contre les familles puissantes dans l'église et dans l'état ; C. A. Q. S. C. P. : *et une bouche parlant sur de grandes affaires.*

9. Aspiciebam donec throni positi sunt , et antiquus dierum sedit : vestimentum ejus candidum quasi nix , et capilli capitis ejus quasi lana munda : thronus ejus flammæ ignis: rotæ ejus, ignis accensus.

9. Je regardais jusqu'à ce que des trônes furent placés, et que l'ancien des jours siégea ; son vêtement était blanc comme la neige, et les cheveux de sa tête comme la laine blanche : son trône , des flammes de feu ; ses roues, le feu ardent.

Ces figures mystérieuses sont pour nous apprendre, que pendant que la convention nationale , ses armées au-dehors , son armée révolutionnaire au-dedans , exercait ses cruautés et sa tyrannie ; on aura vu nombre de prélats de l'église catholique,

(*) Lyon , Marseille et Bordeaux,

délibérer en commun, et aviser aux moyens convenables et pressans pour conserver la foi qui était dans un très-grand danger ; *C. A. Q. S. C. P.: je regardais jusqu'a ce que des trônes furent placés.*—Des conférences qui auront eu lieu entre les prélats catholiques, le résultat aura été mis sous les yeux du Souverain Pontife, pour ordonner ; *C. A. Q. S. C. P. : et que l'ancien des jours siégea.*—Le Souverain Pontife établi juge de tout ce qui intéresse la foi, aura été un juge plein de candeur et de justice ; ses vêtemens dans cette suprême fonction, auront été l'image vivante de la pureté de son cœur ; *C. A. Q. S. C. P. : son vêtement était blanc comme la neige* (le surplis ou l'aube). — Ce vénérable Pontife aura été plus respectable par son éminence et sa dignité, que par l'attention qu'on mettait à la netteté de ses cheveux blanchis par les années ou par la poudre fine dont on les couvrait ; *C. A. Q. S. C. P. : et les cheveux de sa tête comme la laine blanche.*—Les décisions rendues par ce Chef suprême de l'Eglise de N. S. J. C. sont sans recours ; *C. A. Q. S. C. P. : son trône, des flammes de feu.*—La Chambre apostolique unie au Saint Siége, discute et arrête ce que le Souverain Pontife sanctionne ; *C. A. Q. S. C. P. : ses roues, le feu ardent.*

10. Fluvius igneus rapidusque egrediebatur à facie ejus : millia millium ministrabant ei , et décies millies centena millia assistebant ei : judicium sedit et libri aperti sunt.	10. Un fleuve de feu rapide sortait de sa face : un million le servaient en qualité de ministres , et dix mille millions étaient à son service : le jugement se tint et les livres furent ouverts.

Ces rapports mystérieux que nous fait le Prophète, sont pour nous apprendre que le Souve-

rain Pontife est la source vivante du corps apostolique, que la puissance et l'autorité spirituelle
de ce corps émanent de lui; C. A. Q. S. C. P. :
un fleuve de feu rapide sortait de sa face.—Le
Chef suprême de l'Eglise, indépendamment du
corps apostolique que lui seul ordonne et envoie
dans tout le monde chrétien, a aussi un nombre
prodigieux de pasteurs et de prêtres, qui travaillent
dans tout l'univers chrétien catholique sous son obéissance ; C. A. Q. S. C. P. : *un million le servaient
en qualité de ministres.*—Ce grand Patriarche,
outre le corps des premiers pasteurs dans l'Eglise
catholique, outre celui des pasteurs et des prêtres
du second ordre, a dans sa communion sur tout
l'univers chrétien catholique, une multitude innom-
brable de fidelles vivant tous sous son obéissance
spirituelle; C. A. Q. S. C. P. : *et dix mille millions
étaient à son service.*—Le corps apostolique, le
corps des pasteurs et des prêtres du second ordre,
et le corps des fidelles, considérant les dangers
qui environnaient l'Eglise catholique, le Souverain
Pontife, d'après les désirs de tous, aura présidé les
délibérations tenues à cet effet; C. A. Q. S. C.
P. : *le jugement se tint.*—Pour délibérer sur les
malheurs et les oppressions du temps, à l'égard
de l'Eglise catholique et de ses enfans, on aura
fait lecture de tous les rapports par écrit, envoyés
des différens pays ou provinces où la foi était le
plus en danger; C. A. Q. S. C. P. : *et les livres
furent ouverts.*

11. Aspiciebam propter vocem sermonum gran-dium, quos cornu illud loquebantur : et vidi quo-niam interfecta esset bes-tia, et perisset corpus

11. Je regardais à cause des grands discours que la voix de cette corne prononçait ; et je vis que la bête avait été tuée, et que son corps était péri, et qu'il avait été livré pour

être

ejus, et traditum esset être consumé par le feu.
ad comburendum igni.

Cette attention du Prophète à nous faire le narré de tout ce qui lui est apparu, est pour nous apprendre, que dans le temps où l'Eglise catholique, unie au Souverain Pontife, était occupée à prendre les moyens les plus sages pour conserver la foi dans le monde chrétien, l'armée révolutionnaire, et les clubs ou sociétés populaires, auront prêché publiquement et tenu leur synagogue contre l'autel et contre le trône, et les vociférations les plus odieuses auront percé de toutes parts ; C. A. Q. S. C. P. : *je regardais à cause des grands discours que la voix de cette corne prononçait.*—Dans le temps où l'armée révolutionnaire, jointe aux sociétés jacobites, prêchait la révolution et le renversement de l'autel et du trône, cette remarquable Reine aura été jugée et condamnée par la Convention nationale à être décapitée, et le supplice aura accompagné le jugement ; C. A. Q. S. C. P. : *et je vis que la bête avait été tuée.*

Nota. Le mardi 16 octobre 1793, à 11 heures du matin, Marie-Antoinette d'Autriche, reine de France, fut guillotinée à Paris.

Après sa mise à mort, la tête séparée de son cadavre sanglant ; l'ordre aura été donné de les enlever, de les jeter dans la fosse, et de les faire consumer par l'effet de la chaux vive qu'on aura fait éteindre sur ces chairs immobiles ; C. A. Q. S. C. P. : *et que son corps était péri, et qu'il avait été livré pour être consumé par le feu.*

Nota. Le 25 vendémiaire an 3 de la république, correspondant au 16 octobre 1793, la Reine fut enterrée au

B

cimetière de la Magdeleine à Paris, avec les autres con-
damnés qui furent suppliciés le même jour, et son corps
fut de suite couvert de chaux vive, que l'on fit fuser
sur elle.

12. Aliarum quoque bestiarum ablata esset potestas, et tempora vitæ constituta essent eis usque ad tempus et tempus.

12. *Je vis* pareillement que la puissance des autres bêtes leur avait été ôtée, et que les temps de leur durée leur avaient été constitués jusqu'à un temps et un temps.

Ces détails de circonstances autant mystérieux que prophétiques, sont pour nous apprendre que pendant cette mise à mort et ces ruines, les différentes assemblées constituées en autorité, auront perdu leur pouvoir et leur puissance, pour avoir été dissoutes; C. A. Q. S. C. P. : *je vis pareillement que la puissance des autres bêtes leur avait été ôtée.*—On devra remarquer que par l'acte constitutionnel, fait par la première assemblée réprésentative de la nation, elle aura décrété la durée de chaque assemblée nationale à deux ans; C. A. Q. S. C. P. : *et que les temps de leur durée leur avaient été constitués jusqu'à un temps et un temps.*

Nota. Voir la constitution de 1789, 1790 et 1791 :
art.... « Chaque législature durera deux ans. »

13. Aspiciebam ergo in visione noctis, et ecce cum nubibus cœli quasi filius hominis veniebat, et usque ad antiquum dierum pervenit, et in conspectu ejus obtulerunt eum.

13. Je regardais donc dans cette vision de nuit, et voici avec les nuées du ciel comme si c'était le fils de l'homme qui venait, et jusqu'à l'ancien des jours il parvint, et devant sa face ils le présentèrent.

Ce rapport mystérieux et prophétique est pour nous apprendre, qu'à la suite de ces troubles, de ces mises à mort pendant ces règnes malheureux, on aura été plongé dans les ténèbres les plus épaisses, sur le parti que l'Eglise et l'Etat avaient à prendre ; C. A. Q. S. C. P. : *je regardais donc dans cette vision de nuit.*—Dans cet état désespérant, un nombre d'hommes fidelles se sera réuni à un personnage merveilleux et admirable, fils de l'Eglise catholique, pour prendre les rênes du gouvernement ; C. A. Q. S. C. P. : *et voici avec les nuées du ciel, comme si c'était le fils de l'homme qui venait.*—Cet homme merveilleux, en délivrant la patrie de la fureur et de la tyrannie de ceux qui la gouvernaient, se sera occupé de lui rendre son culte et ses autels, à cet effet il aura eu des relations particulières et importantes avec le Chef de l'Eglise ; C. A. Q. S. C. P. : *et jusqu'à l'ancien des jours il parvint.*

Nota. Voir le Concordat de Pie VII avec le premier Consul, du 10 septembre 1801.

Ensuite de ces relations, et des accords faits entre ce Chef du gouvernement et le Souverain Pontife, les principaux et les plus fidelles sujets de l'empire et du gouvernement, le présenteront devant son Eminence Pontificale ; C. A. Q. S. C. P. : *et devant lui ils le présentèrent.*

14. Et dedit ei potestatem, et honorem, et regnum : et omnes populi, tribus et linguæ ipsi servient : potestas ejus, potestas æterna, quæ non auferetur: et regnum ejus, quod non corrumpetur.

14. Et il lui donna la puissance, et l'honneur, et le royaume et tous les peuples, les tribus et les langues seront à son service : sa puissance sera une puissance éternelle, qui ne lui sera pas enlevée ; et son royaume, qu'on ne viendra à bout de corrompre.

Ces instructions prophétiques sont pour nous apprendre, que le Chef suprême de l'Eglise catho lique et apostolique , après la présentation qui lui aura été faite par les personnes les plus éminentes dans l'Eglise et dans l'Etat, de ce libérateur du peuple, il le confirmera par sa puissance et son autorité spirituelle, dans la plénitude des droits attribués à la souveraineté ; C. A. Q. S. C. P. : *et il lui donna la puissance, et l'honneur, et le royaume.*—Ce libérateur ayant reçu le sceptre et la couronne , de la main du Chef de l'Eglise; dès-lors tous les habitans des départemens, des diocèses et des communes dépendans des pays soumis à sa souveraineté , seront ses sujets ; C. A. Q. S. C. P. : *et tous les peuples, les tribus et les langues seront à son service.*—Cet homme libérateur couronné par le Souverain Pontife, chef d'une très-grande nation, le sera de race en race ; C. A. Q. S. C. P. : *sa puissance sera une puissance éternelle.*—Les trames et les conspirations qui pourraient avoir lieu pour lui ravir le sceptre et la couronne, échoueront ; C. A. Q. S. C. P. : *qui ne lui sera pas enlevée.*—Vainement on cherchera à soulever des partis dans l'intérieur du royaume; les autorités constituées, dans l'ordre civil, dans le politique, dans l'administratif, dans le judiciaire et dans le militaire, se tiendront en garde et ne se laisseront pas séduire ; C. A. Q. S. C. P. : *et son royaume, qu'on ne viendra à bout de corrompre.*

15. Horruit spiritus meus , ego Daniel territus sum in his , et visiones capitis mei conturbaverunt me.	15. Mon esprit fut saisi d'horreur , moi Daniel je fus terrorisé par ces choses, et les visions de mon cerveau me troublèrent.

Ce langage est pour nous apprendre , que pendant la durée des événemens qui auront précédé ce couronnement, l'Eglise aura eu beaucoup à souffrir et à gémir des crimes qui se seront commis envers ses Ministres et ses enfans ; C. A. Q. S. C. P. : *mon esprit fut saisi d'horreur.* — L'Eglise se sera vue dans un état alarmant, et la terreur se sera répandue par-tout ; C. A. Q. S. C. P. : *moi Daniel je fus terrorisé.* — La terreur aura été mise à l'ordre du jour par ceux qui rendaient des lois aussi cruelles que barbares ; C. A. Q. S. C. P. : *par ces choses.* — La multitude des lois oppressives, absurdes et iniques, auront mis les Ministres de l'Eglise dans le cas de ne savoir quel parti prendre ; C. A. Q. S. C. P. : *et les visions de mon cerveau me troublèrent.*

16. Et accessi ad unum de assistentibus, et veritatem quærebam ab eo de omnibus his. Qui dixit mihi interpretationem sermonum, et docuit me,	16. Et je m'approchai vers un de ceux qui assistaient, et je cherchais à savoir la vérité de cet homme sur toutes ces choses; lequel m'apprit l'interprétation de ce qu'on disait, et m'enseigna:

Ceci est pour nous apprendre que pendant ces temps de malheur et d'effroi, l'Eglise catholique aura cherché à s'instruire auprès de quelqu'un des membres qui composaient ces assemblées, afin d'être à même d'en prévenir par sagesse et par prudence les suites fâcheuses : C. A. Q. S. C. P. : *et je m'approchai vers un de ceux qui assistaient, et je cherchais à savoir la vérité de cet homme sur toutes ces choses.* — L'Eglise catholique, en s'instruisant par le moyen de quelqu'un des membres qui composaient ces assemblées, aura reçu des avis importans sur ce qui se passait dans les séances et les délibérations ; C. A. Q. S. C. P. : *lequel m'apprit l'interprétation de ce qu'on disait, et m'enseigna.*

17. Hæ quatuor bestiæ magnæ , quatuor sunt regna , quæ consurgent de terra.

17. Ces quatre grandes bêtes sont quatre royaumes qui s'éléveront de la terre.

Ces figures sont pour nous apprendre que la durée des malheurs qui auront accablé l'Eglise et opprimé ses enfans , aura été aussi longue que ces règnes temporels ; C. A. Q. S. C. P. : *ces quatre grandes bêtes sont quatre royaumes qui s'éléveront de la terre.*

18. Suscipient autem regnum sancti Dei altissimi : et obtinebunt regnum usque in sæculum, et sæculum sæculorum.

18. Mais les Saints du Dieu Très-Haut entreprendront de *conquérir* le royaume , et ils gagneront le royaume jusqu'à la fin du siècle , et le siècle des siècles.

Cette instruction prophétique est pour nous apprendre que malgré la rage et le désespoir de ces puissances temporelles contre l'Eglise catholique, les Ministres fidelles à Jesus-Christ n'auront cessé de travailler à maintenir la foi dans le royaume , que ces puissances voulaient éteindre ; C. A. Q. S. C. P. : *mais les Saints du Dieu très-haut entreprendront de conquérir le royaume.* — La persévérance des fidelles Ministres de Notre-Seigneur Jesus-Christ sera venue à bout de conserver la foi dans cé grand royaume ; C. A. Q. S. C. P. : *et ils gagneront le royaume.* — Ce succès aura eu lieu depuis l'entreprise faite par ces puissances qui voulaient décatholiser la France et l'univers entier, jusqu'à la fin du siècle qui les avait vus naître , et qui les a vus disparaître ; C. A. Q. S. C. P. : *jusqu'à la fin du siècle.* — Ce siècle accompli , celui qui lui succédera sera le triomphe de l'Eglise ; ce siècle verra réunir tous les enfans des hommes sous la houlette du même pasteur ; C. A. Q. S. C. P. : *et le siècle des siècles.*

Nota. Au mois de novembre 1799, fut la fameuse journée du général Bonaparte, qui renversa le grand dragon d'Egypte : on l'appelle la journée du 18 brumaire : elle se voit dans le 45.ᵉ verset du chapitre XI de Daniel.

19. Post hoc, volui diligenter discere de bestia quarta, quæ erat dissimilis valdè ab omnibus, et terribilis nimis : dentes et ungues ejus ferrei : comedebat, et comminuebat, et reliqua pedibus suis conculcabat.

19. Après cela, je voulus diligemment m'instruire de la quatrième bête, qui était fort différente de toutes les autres, et terrible à l'excès, ayant des dents et des ongles de fer : elle mangeait, et mettait tout en pièces ; et les restes, elle les foulait avec ses pieds.

Cette curiosité du saint Prophète après la connaissance exacte des caractères qui indiquent positivement tous ces premiers règnes, nous fait voir que nous ne devons pas moins nous attacher à connaître le dernier qui aura été plus mauvais qu'aucun ; C. A. Q. S. C. P. : *après cela je voulus diligemment m'instruire de la quatrième bête.* — Ce dernier règne n'aura point été comme les précédens ; C. A. Q. S. C. P. : *qui était fort différente de toutes les autres.* — On l'aura vu comme convention nationale, ensuite comme corps législatif, directoire et pouvoir exécutif ; C. A. Q. S. C. P. : *et terrible à l'excès.* — Ce dernier transformé en tant de manières aura mis en réquisition les piques, les baïonnettes, les haches et les épées ; C. A. Q. S. C. P. : *ayant des dents et des ongles de fer.* — Ce dernier règne aura mis en réquisition toutes les provisions de bouche et toutes les marchandises ; C. A. Q. S. C. P. : *elle mangeait, et mettait tout en pièces.* — Ce dernier règne aura requis et pris beaucoup au-delà de ce qui était nécessaire en provisions et en marchandises , et tout le superflu aura été abandonné et mis à la discretion de ses agens mercenaires : C. A. Q. S. C. P. : *et les restes , elle les foulait avec ses pieds.*

20. Et de cornibus decem , quæ habebat in capite : et de alio, quod ortum fuerat, ante quod ceciderant tria cornua : et de cornu illo, quod habebat oculos, et os loquens grandia, et majus erat cæteris.	20. Et touchant les dix cornes qu'elle avait dans la tête ; et de l'autre qui était sortie, devant laquelle trois cornes étaient tombées et de cette corne qui avait des yeux, et une bouche parlant de grandes affaires , et qui était plus grande que les autres.

Cette suite du saint Prophète à vouloir s'instruire à fond sur les signes caractéristiques de ce dernier règne, doit également nous intéresser. On aura précédemment remarqué que la Convention nationale avait à sa disposition dix fortes armées tant aux frontières qu'à l'extérieur du royaume où elle faisait la guerre ; C. A. Q. S. C. P. : *et touchant les dix cornes qu'elle avait dans la tête.* — On aura remarqué pareillement que la Convention nationale avait formé une armée révolutionnaire dans le cœur du royaume , et que cette armées avait soumis trois villes principales du royaume qui voulaient faire résistance à l'oppression ; C. A. Q. S. C. P. : *et de l'autre qui était sortie , devant laquelle trois cornes étaient tombées.* — On aura remarqué aussi qu'elle avait établi des comités de surveillance , des clubs , des sociétés populaires pour prêcher la révolution et l'insurrection contre l'Eglise, contre les Rois, contre les Souverains, contre les Princes, contre les Seigneurs , enfin contre tous les riches et les hommes distingués par leur science ou leurs vertus ; C. A. Q. S. C. P. : *et de cette corne qui avait des yeux , et une bouche parlant de grandes affaires.* — On aura remarqué enfin que les comités de surveillance , les clubs, les sociétés populaires étaient répandus sur toute la surface de la France , et qu'ils communiquaient tous les uns avec les autres ; C. A. Q. S. C. P. : *et qui était plus grande que les autres.*

21. Aspiciebam, et ecce cornu illud faciebat bellum adversùs sanctos , et prævalebat eis.

21. Je regardais , et voilà que cette corne faisait la guerre contre les Saints, et qu'elle avait l'avantage sur eux.

Ce que le saint Prophète a vu, est pour nous apprendre que les comités de surveillance , les clubs , les sociétés populaires et les jacobins , réunis et affiliés , auront attaqué avec des sarcasmes et des injures atroces, dans leurs synagogues antichrétiennes , tous les Ministres fidelles à Jesus-Christ et à sa sainte Eglise ; C. A. Q. S. C. P. : *je regardais , et voilà que cette corne faisait la guerre contre les Saints.* — De la suite de tant d'injures et d'horreurs , les saints Ministres de l'Eglise de Jesus - Christ auront été forcés de prendre la fuite, ou de s'exposer à la mort ; C. A. Q. S. C. P. : *et qu'elle avait l'avantage sur eux.*

22. Donec venit antiquus dierum , et judicium dedit sanctis Excelsi , et tempus advenit , et regnum obtinuerunt sancti.

22. Jusqu'à ce que vint l'ancien des jours, et il rendit un jugement pour les Saints du Très-Haut, et le temps arriva, et les Saints obtinrent le royaume.

Ces détails sont pour nous apprendre que la persécution contre les fidelles Ministres de Jesus-Christ n'aura été calmée qu'après l'avénement du Souverain Pontife sur la chaire de son prédécesseur ; C. A. Q. S. C. P. : *jusqu'à ce que vint l'ancien des jours.*

Nota. Mort de Pie VI, prisonnier à Valence, le 29 août 1799.—Exaltation de Pie VII le 13 mars 1800, sur le trône Pontifical.

Après l'avénement du Souverain Pontife sur la chaire de son prédécesseur, mort dans la persécution, on aura vu un Concordat qui rendait aux ministres fidelles le libre exercice de leur culte ; C. A. Q. S. C. P. : *et il rendit un jugement pour les Saints du Très-Haut.*

Nota. Voir le concordat du 10 septembre 1801, entre sa Sainteté Pie VII et le Gouvernement Français.

Ce Concordat aura été reçu dans tout le royaume ; C. A. Q. S. C. P. : *et le temps arriva.* — Après la réception de ce Concordat dans toute l'étendue du royaume, les prélats, pasteurs et prêtres fidelles à Jesus-Christ et à sa sainte Eglise, auront eu la pleine et entière liberté d'exercer leurs fonctions sacrées dans toute l'étendue des pays soumis à la domination de la France ; C. A. Q. S. C. P. : *et les Saints obtinrent le royaume.*

23. Et sic ait : Bestia quarta, regnum quartum erit in terra, quod majus erit omnibus regnis, et devorabit universam terram, et conculcabit, et comminuet eam.	23. Et il dit ainsi : La quatrième bête sera le quatrième royaume sur la terre, qui sera plus grand que tous les royaumes *qui l'auront devancé*, et il dévorera toute la terre, et la foulera et la réduira en cendre.

Ces instructions données au saint Prophète, sont pour nous apprendre que la Convention nationale aura été le quatrième Gouvernement qui aura exercé l'autorité temporelle sur la France ; C. A. Q. S. C. P. : *et il dit ainsi, la quatrième bête sera le quatrième royaume sur la terre.* — Cette Convention nationale aura eu une plénitude de pouvoir que toutes les autres assemblées qui l'avaient précédée, ·n'avaient pas eu ; C. A. Q. S. C. P. : *qui sera plus grand que tous les royaumes qui l'auront devancé.* — Cette Convention nationale aura fait avec succès la guerre au-dehors contre les puissances coalisées, et la guerre au-dedans contre tous les mécontens de sa domination ; C. A. Q S. C. P. : *il dévorera toute la terre.* — Cette dernière puissance temporelle aura rançonné et mis à contribution tous les pays où ses armes auront pu pénétrer ; C. A. Q. S. C. P. : *et la foulera.* — Cette dernière puissance temporelle aura fait raser les citadelles, les forts châteaux, les maisons des particuliers et les cabanes de tous ceux qu'elle aura eu à redouter; C. A. Q. S. C. P. : *et la réduira en cendres.*

Nota. Voir l'Histoire de la Révolution.

24. Porrò cornua decem ipsius regni, decem reges erunt : et alius consurget post eos, et ipse potentior erit prioribus, et tres reges humiliabit.

24. Au reste les dix cornes de ce même royaume, seront dix rois ; et l'autre qui s'élévera après eux, sera lui-même plus puissant que les premiers, et il humiliera trois rois.

Ces instructions données au saint Prophète, sont pour nous apprendre que les dix armées de la Convention nationale se seront comportées despotiquement ; C. A. Q. S. C. P. : *au reste les dix cornes de ce même royaume, seront dix rois.* — L'armée révolutionnaire qui sera venue après, aura fait pis que les autres; elle se sera étendue sur tout le territoire de la France, qu'elle aura révolutionné ; en outre, elle aura fait dans les départemens insurgés contre la Convention nationale, main-basse sur les mécontens; C. A. Q. S. C. P.: *et l'autre qui s'élévera après eux, sera lui-même plus puissant que les premiers, et il humiliera trois rois.*

25. Et sermones contra Excelsum loquetur , et sanctos Altissimi conteret, et putabit quòd possit mutare tempora et leges, et tradentur in manu ejus usque ad tempus, et tempora , et dimidium temporis.

25. Il tiendra des discours contre le Très-Haut, et il foulera aux pieds les Saints du Très-Haut , et il s'imaginera qu'il aura le pouvoir de changer les temps et les lois, et *les Saints* seront livrés entre ses mains jusqu'à un temps, des temps, et la moitié d'un temps.

Ces instructions données au Prophète Daniel , sont pour nous apprendre que cette armée de l'intérieur, dite révolutionnaire, aura été composée en plus grande partie de gens affiliés aux clubs ou sociétés populaires, et jacobins. Ces hommes auront débité publiquement les discours les plus impies qui furent jamais, contre l'existence de Dieu ; ils auront prêché ouvertement l'athéisme. C. A. Q. S. C. P. : *il tiendra des discours contre le Très-Haut.* — Après avoir prêché l'athéisme , ils auront fait une guerre à mort contre tous les Ministres de Jesus-Christ et de son Eglise ; C. A. Q. S. C. P. : *et il foulera aux pieds les Saints du Très-Haut.* — Ces chefs d'horreur , d'athéisme et de révolution auront tenté d'abolir l'ancien calendrier chrétien, et en auront fait un nouveau, absolument opposé ; C. A. Q. S. C. P. : *et il s'imaginera qu'il aura le pouvoir de changer les temps.* — Ces agens de la désolation auront aboli tous les anciens usages, et en auront créé de nouveaux ; C. A. Q. S. C. P. : *et les lois.* — Ces agens de l'athéisme , de l'assassinat , du vol et du brigandage , auront exercé leur rage et leur fureur contre l'Eglise , contre ses plus fidelles Ministres, et contre les familles les plus respec-

tables, pendant trois ans et demi ; C. A. Q. S.
C. P. : *et les Saints seront livrés entre ses
mains, jusqu'à un temps, des temps, et la moitié
d'un temps.*

Nota. Sur la fin de 1793, parut un nouveau calendrier
qui dure encore en grande partie, qui fut décrêté par la
Convention nationale, qui datait de la seconde année de
la république française, qui avait commencé le 22 septembre 1792 ; il fut divisé en 12 mois, chaque mois en
3 décades, chaque décade en 10 jours, chaque dixième
jour, jour de repos ; pendant lesquels on devait célébrer
des fêtes qui furent innovées et décrétées pour être célé-
brées tous les jours décadaires ; les derniers jours de
l'année qui sont aujourd'hui appelés complémentaires,
furent appelés Sanculotides, du nom de *Sans-culottes* qui avait
été donné à ce ramas d'hommes sans fortune, sans mœurs et
sans religion.

26. Judicium sedebit, ut auferatur potentia, et conteratur, et dispereat usque in finem.

26. Et le jugement se tiendra, pour que la puissance soit ôtée à *cette corne*, et qu'elle soit brisée, et disparaisse jusqu'à la fin.

Ces observations faites au saint Prophète, sont
pour nous apprendre que la quatrième et dernière
puissance, c'est-à-dire la Convention nationale,
voyant l'ascendant et la force qu'avaient pris les
prédicateurs de l'athéisme et du brigandage dans
le royaume, et qu'ils rivalisaient contre son autorité,
aura pris le parti de recevoir et d'accueillir les
dénonciations et les plaintes multipliées qu'on lui
aura fait de tous les points du royaume, pour
arrêter leurs désordres ; C. A. Q. S. C. P. : *et
le jugement se tiendra, pour que la puissance
soit ôtée à cette corne.* — On aura demandé que
ces assemblées de prédicans fussent dissoutes ;
C. A. Q. S. C. P. : *et qu'elle soit brisée.* — On
aura demandé que de pareils rassemblemens fussent
défendus à l'avenir ; C. A. Q. S. C. P. : *et qu'elle
disparaisse jusqu'à la fin.*

27. Regnum autem , et potestas , et magnitudo regni , quæ est subter omne cœlum, detur populo sanctorum Altissimi : cujus regnum, regnum sempiternum est , et omnes reges servient ei, et obedient.

27. Mais que le royaume, et la puissance, et l'étendue du royaume , qui est sous tout le ciel, soit donné au peuple des Saints du Très-Haut, dont le royaume est le royaume éternel, et tous les rois seront à son service, et lui obéiront.

Ce langage mystérieux et prophétique est pour nous apprendre , qu'ensuite de la destruction des prédicateurs de l'athéisme, on aura travaillé à remettre la France et son Gouvernement, et tous les pays assujettis à sa domination , sous l'autorité spirituelle des Ministres catholiques ; C. A. Q. S. C. P. : *mais que le royaume , et la puissance, et l'étendue du royaume , qui est sous tout le ciel , soit donné au peuple des Saints.* — Les Ministres catholiques sont Ministres de Jesus-Christ ; C. A. Q. S. C. P. : *du Très-Haut.* — L'Eglise de Notre-Seigneur Jesus-Christ durera tant que le monde sera monde ; C. A. Q. S. C. P. : *dont le royaume est le royaume éternel.* — Les Autorités civiles , politiques , administratives, judiciaires et militaires, ainsi que les rois , ne peuvent se dispenser de la soutenir et de la protéger ; C. A. Q. S. C. P. : *et tous les rois seront à son service.* — Toutes les autorités temporelles , et tous les rois ne peuvent se dispenser d'être sous son obéissance spirituelle ; C. A. Q. C. S. P. : *et lui obéiront.*

28. Hucusque finis verbi. Ego Daniel multùm cogitationibus meis conturbabar , et facies mea mutata est in me ; verbum autem in corde meo conservavi.

28. Jusqu'ici est la fin de ce qu'on me dit. Moi Daniel je me troublais beaucoup par mes réflexions, et ma face fut *toute* changée en moi ; mais j'ai conservé ce que j'avais *vu et entendu* dans mon cœur.

Cette déclaration du saint Prophète est pour nous apprendre que telle aura été la révolution que l'on aura vu s'accomplir dans un vaste royaume; C. A. Q. S. C. P. : *jusqu'ici est la fin de ce qu'on me dit.* — Pendant cette révolution, l'Eglise de Notre-Seigneur Jesus-Christ aura éprouvé les plus violentes secousses, et ses fidelles Ministres auront été dans les plus vives alarmes, s'il fallait fuir ou périr; C. A. Q. S. C. P. : *moi Daniel je me troublais beaucoup par mes réflexions.* — On aura vu les plus fidelles Ministres dans un état le plus triste, et tous méconnaissables; C. A. Q. S. C. P.: *et ma face fut toute changée en moi.* — L'Eglise catholique n'oubliera jamais les lois oppressives qui l'ont atteinte, et les rigueurs avec lesquelles on les a mises à exécution; les annales du siècle et celles de l'Eglise en conserveront un tableau qui sera ineffaçable, à la postérité; C. A. Q. S. C. P.: *mais j'ai conservé ce que j'avais vu et entendu dans mon cœur.*

Fini le jour de Toussaint 1804. *Ad majorem Dei gloriam.*

A LYON, de l'Imprimerie de Ballanche père et fils, aux halles de la Grenette. Frimaire an 13.